LES ÉLECTEURS

DE LA NOBLESSE DU POITOU

EN 1789.

LES ÉLECTEURS

DE LA

NOBLESSE DU POITOU

EN 1789

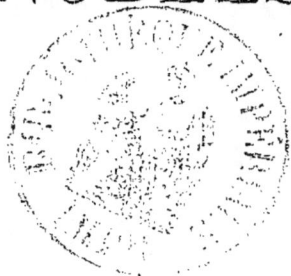

PAR

M. Gustave BARDY,

Vice-Président de la Société des antiquaires de l'Ouest, Conseiller à la Cour impériale
de Poitiers.

POITIERS

IMPRIMERIE DE A. DUPRÉ,

RUE DE LA MAIRIE, 10.

—

1860

LES ÉLECTEURS

DE LA NOBLESSE DU POITOU EN 1789,

Par M. GUSTAVE BARDY.

SOMMAIRE.

Notice historique. — Rôle du bailliage principal de la sénéchaussée de Poitou. — Rôles des bailliages secondaires de Civray et Saint-Maixent, de Fontenay-le-Comte, de Luzignan, de Montmorillon, de Niort, de Vouvent. — Rôles des bailliages directs de Châtelleraud, de Loudun, des Marches communes franches de Poitou et Bretagne. — Epilogue.

NOTICE HISTORIQUE.

Nous ne connaissons que deux classes de penseurs : dans l'une, jamais on ne retranche rien de la vérité ni du droit; dans l'autre, on transige toujours avec la passion du moment ou le préjugé populaire.

Au dire de la seconde, la noblesse française a été une infatigable usurpatrice, une caste ennemie, un fléau social. Elle a été mise à mort *de par* la justice nationale, pour ses excès, sa corruption, ses crimes. Il ne reste d'elle qu'un cadavre auquel la vie n'a pu être rendue ni par le fondateur de la dynastie impériale, ni par la restauration, ni par la monarchie de juillet.

Fidèle à la tradition de tous les âges et disciple obscur de l'école historique, nous répétons, au contraire, que le gigantesque édifice, salué par l'admiration du monde, depuis le baptême de Reims jusqu'au renoncement de Versailles, a été élevé par notre noblesse, sous l'inspiration du clergé, l'aiguillon des communes et le pouvoir modérateur du roi.

Allant plus loin, nous affirmons que la plus ridicule en même temps que la plus fausse de toutes les théories est celle de l'amoindrissement à tout prix du rôle de la noblesse dans le passé. Le tiers état a absorbé les ordres ses aînés; où serait l'honneur de sa victoire, si la noblesse, après n'avoir été, selon les temps, qu'un ramas de soudards ignorants, d'oppresseurs inhumains, de courtisans avides, eût été, au moment de la lutte suprême, réduite à une impuissance absolue?

Dans notre humble opinion, la noblesse n'a pas péri, et elle n'est pas destinée à périr; elle s'est transformée, et elle se transformera. Après avoir été : le cœur des nations, quand les sociétés se composaient d'ingénus guerriers et d'esclaves artisans; le bras de la royauté, quand le souverain conquérait lentement, à la sueur du front, à l'effort de l'esprit, l'unité pour son pouvoir, l'hérédité pour sa race; elle a mérité d'être aimée en sœur de la bourgeoisie et du prolétariat, quand, répudiant le privilége qui n'avait plus sa raison d'être, elle a par sa volonté pris dans le droit commun la place qui lui demeure.

Cette place, c'est le principe de la propriété qui la lui a faite, il la lui conservera. La noblesse est propriétaire de son nom et de ses titres, de ses souvenirs et de son prestige. Le privilége est condamné, la propriété est sainte. Privilége et propriété, ces deux mots résument toute son histoire, et par conséquent celle du pays lui-même. Les deux histoires ne se peuvent pas comprendre l'une sans l'autre. Les erreurs dans lesquelles se perdent les esprits systématiques qui ont voulu les séparer dans leurs études, le démontrent surabondamment.

La noblesse, c'est : au temps de l'invasion franque,
l'aristocratie militaire ; aux jours des rois fainéants, l'autorité politique ; au moyen âge, la terre salique à cheval ;
à partir des Valois, la domesticité royale ou la pauvreté
rustique et digne. Mais, à toutes les époques, la noblesse,
c'est aussi la fidélité ardente et attestée par le sacrifice de
l'or et du sang à la gloire française, au service du prince,
aux croyances religieuses, au lustre héréditaire.

Ceux qui se méprennent sur sa mission et son inévita-
ble influence n'ont pas assez étudié notre droit public.
Ils ne se rendent pas un compte exact de la substitution
des grands fiefs aux commandements primitifs, des
chartes communales à la plénitude de la seigneurie, des
commissions personnelles aux offices héréditaires, des
parlements aux assemblées nationales, des intendants
aux anciens gouverneurs de provinces. Ils n'ont pas sur-
tout assez réfléchi sur ce grand fait que le souverain s'est
placé entre la noblesse et *le menu peuple*, la diminuant
toujours au profit de ce dernier, ayant pour politique con-
stante d'élever le pair du royaume, le maître des requêtes,
les grands corps civils, l'anobli, l'homme de robe et
d'échevinage, à la participation de la vie politique.

Quand on a décomposé le rouage administratif de la
vieille monarchie, créé, manié, fortifié par ces génies
puissants qui s'appelaient les maires du palais, les chan-
celiers, les commissaires, les gens du roi, les secrétaires
d'Etat, on sait d'où vient la noblesse, par où elle a passé,
où elle est arrivée, et, au lieu de railler son prétendu
néant, on reconnaît dans ses blasons les splendides ima-
geries de l'autel domestique, de la valeur militaire et de
la prérogative féodale.

Aujourd'hui elle n'est qu'un débris des anciens jours,

c'est vrai ; une relique des sanctuaires écroulés, c'est
vrai encore. En est-elle moins la force se survivant à elle-
même? qui est parce qu'elle est? qui se transmet avec le
sang et le nom, si entière, malgré la perte du château
fort, de la seigneurie réelle, du patronage efficace, que
les plus rogues bourgeois et les prêtres du veau d'or ca-
ressent, avec une égale complaisance, l'ambition de ratta-
cher à elle leurs héritiers par des mariages, et que tout
porte-couronne issu d'une révolution démocratique juge
indispensable de la donner pour décoration à son trône
électif?

Comment s'en étonner? Est-ce qu'elle aurait pu ne pas
étendre d'indestructibles racines dans le sol sacré, elle
qui n'était pas seulement chez nous ce qu'elle était partout avant le XVIIᵉ siècle : guerrière, opulente, redoutée ;
mais persévérait, chevaleresque, magnifique, et souvent
novatrice, dans sa passion pour le bien public?

Prenons garde à ce dernier trait si saillant dans son
caractère historique. Elle était novatrice quand elle en-
gageait ses domaines pour se précipiter à la croisade ;
novatrice, quand elle préférait au casque et à la lance le
bonnet universitaire et l'hermine du palais ; novatrice,
quand elle consentait à mener à la bataille des troupes
permanentes et soldées ; novatrice, quand elle se partageait
entre la vieille foi catholique et l'Eglise réformée; novatrice,
quand elle rendait facile au bourgeois, au marchand,
au cultivateur, l'acquisition de la propriété foncière ; novatrice, quand, en présence des besoins nouveaux qui ont
hâté la consolidation des fortunes mobilières et le déve-
loppement de la fortune publique, elle renonçait pour les
satisfaire à l'absurde pratique de la thésaurisation.

Ce n'est donc pas parce qu'elle a été hostile au progrès

qu'elle a cessé d'être le second des ordres de l'Etat ; et elle aurait échappé aux terribles épreuves dont l'ont si promptement relevée le supplice de l'émigration, les réquisitoires de Fouquier-Thinville, les prodiges des guerres civiles, les tribunes de la pairie et de la chambre des députés, si elle s'était connue elle-même à l'heure où, profondément divisée, elle a vu : les plus illustres de ses chefs l'immoler avec eux, le gros de ses guides naturels murmurer contre une abnégation glorieuse et rationnelle.

Alors elle était effacée et sans aptitude à la vie publique ; dans beaucoup de lieux, peu lettrée, imprévoyante et pauvre ; presque partout débordée par la richesse, les lumières et la considération de cette austère et forte bourgeoisie qui, depuis les guerres de religion, se sentait devenir la maîtresse du pays.

Ce n'étaient là des causes ni de mort naturelle ni de mort violente ; c'étaient seulement les faits révélateurs des changements qui allaient s'accomplir dans sa condition présente, et dominer son régime futur.

Ces changements se sont fatalement enchaînés ; mais les plus utiles et les plus féconds de tous ne lui ont pas été imposés, les cahiers de 89 l'attestent. Lorsque rien ne permettait même à ses ennemis de prévoir sa sanglante chute, la noblesse, proclamant le principe de l'égalité devant la loi, sacrifiait, la première, quelque chose à l'application de ce dogme constitutionnel. La nuit du 4 août ne la dépouilla pas ; elle y abdiqua, dans la sincérité de son patriotisme et de son désintéressement, tous ses droits exceptionnels.

Là Constituante tenta une réforme plus radicale, elle s'est trompée. La Convention voulut noyer dans le sang tout ce qui n'était pas elle, elle s'est trompée. Napo-

léon Ier s'est cru assez habile pour remplacer l'aristocratie œuvre des siècles, par une aristocratie œuvre de
sa main, et pour retirer du courant par lequel ils étaient
emportés sans retour les majorats et les substitutions, il
s'est trompé. Les deux monarchies constitutionnelles, le
gouvernement dictatorial et Napoléon III ont seuls été
dans le vrai et le juste, quand ils ont reconnu la noblesse
ancienne et la noblesse nouvelle, et placé l'une et l'autre
sous la protection de la loi et de la morale publique.

Ceux qui se félicitent de ce que la noblesse est morte
en France se trompent donc de tout point, et, pour mieux
les en convaincre, nous les laissons en face de ces deux
catégories de citoyens titrés : les démocrates et les régi-
cides, passés à leur très-naïf contentement ducs et princes,
comtes et barons; les gentilshommes de vieille race
ayant accepté, de 1808 à 1814, des titres inférieurs à ceux
dont la Providence avait rempli leurs berceaux.

Quant à ceux qui, au lieu d'envier à la noblesse des
deux origines ce qui lui reste de son éclat normal, re-
grettent que ce qui rappelle ses services ne soit pas
regardé par tous les membres de la grande famille
comme une précieuse partie du patrimoine commun, ils
continueront à expliquer le présent à l'aide du passé.

C'est dans cet esprit que les sociétés savantes recher-
chent, pour les rendre publics, les documents propres à
remettre les familles en leur rang, et remplacer par les
rameaux visibles les troncs disparus.

Cette tendance sera bientôt générale. Nous ne lui obéis-
sons pas, nous avons eu l'honneur d'en prendre l'initiative.
La Société des antiquaires de l'Ouest nous a vu donner
dans son sein, au lieu de le recevoir du dehors, l'exemple de créer le livre d'or des représentations provinciales.

Le plan dont l'exécution est poursuivie par nous sous ses auspices est vaste. Son ordonnance ne date pas d'hier. Depuis 1856, nous lui en soumettons, et elle en contrôle les éléments.

A cause d'elle, il ne s'agit pas pour nous du Poitou seulement. Le champ dans lequel son activité s'exerce s'étend de la mer à la Loire et à la Dordogne. En conséquence, nous nous proposons d'éditer successivement, sous son haut patronage, les documents demeurés manuscrits ou sortis de la circulation, qui, sous ce rapport, feront revivre les anciens de la Saintonge et du pays d'Aunis, de l'Angoumois et du Périgord, du Limousin et de l'Auvergne, de la Marche et du Bourbonnais, du Berri, de la Touraine et de l'Anjou.

Cette série de pièces originales comprend les montres, les rôles des bans et arrière-bans, les listes des membres, des délégués, des commissions intermédiaires de chacun des trois ordres, celles des élus de leurs pairs aux états généraux, des appelés par le roi aux assemblées des notables, aux assemblées locales, et, grâce à ce curieux ensemble, tout doute cessera sur les vérités qui, dans quelque intérêt que ce soit, ne doivent plus être niées, obscurcies, altérées.

Aucun programme ne nous oblige soit envers la Société, soit envers nos lecteurs. Les matériaux historiques ont une valeur indépendante de leurs dates et de leurs objets. Un choix entre eux est toujours désirable, puisque ni le même attrait, ni la même importance ne les recommande. Enfin l'exiguïté de ses ressources est pour toute compagnie savante un des freins du zèle qui ne s'arrête devant rien en matière d'investigation et de critique.

Longtemps après en avoir reçu de nous la communication directe, et un siècle après qu'il avait été visé par un illustre maréchal, la Société des antiquaires de l'Ouest a édité dans ses Bulletins le rôle du ban de la province en 1758. Elle comprend dans ce volume de ses Mémoires le tableau des électeurs de la noblesse poitevine en 1789.

On y trouve les noms de 6 princes ou princesses du sang royal, 8 ducs et pairs, 6 ducs non pairs, 78 marquis, 69 comtes, 19 vicomtes, 23 barons, 4 gentilshommes portant la plus belle de toutes les qualifications : celle de fondateurs et patrons de leurs paroisses; 9 gentilshommes, seigneurs de terres titrées sans en prendre la titulature; 1,062 gentilshommes, seigneurs de fiefs, les uns et les autres presque tous chevaliers.

La riche pléiade se divise en quatre groupes :

L'assemblée du bailliage de Poitou, composée, 1° des nobles de la sénéchaussée de Poitiers; 2° des nobles des sièges royaux de Civray et Saint-Maixent, Fontenay-le-Comte, Luzignan, Montmorillon, Niort, Vouvent; séant à la Châtaigneraie;

L'assemblée du bailliage de Châtelleraud;

L'assemblée du bailliage de Loudun;

L'assemblée du bailliage des Marches communes franches de Poitou et Bretagne.

Le Loudunais relevait alors de la Touraine. Les Marches communes avaient aussi leur existence à part. Mais la grande famille poitevine aurait été dé-

cimée, si les membres de ces deux colléges n'avaient
pas fait cortége aux électeurs de Poitiers et Châtelleraud.

Nous aurions procédé de même pour les nobles
du Dorat, de Guéret et d'Angoulême, si nous n'avions
pas jugé plus équitable de laisser à eux-mêmes les
deux Marches et l'Angoumois, quoique beaucoup de
liens les aient rattachés au Poitou proprement dit,
après que nos Lusignan ont cessé d'être leurs comtes.

Quelque antipathique que nous soyons à tout ce qui
fait prendre l'érudition facile en si légitime dédain,
nous ne pouvons nous dispenser de le dire ici : malgré les précautions prises par nos rois, le nombre
des familles ou des personnes nobles n'a été déter-
miné d'une manière certaine que dans les pays d'états.

Rien n'est plus hasardé que les relevés généraux
produits à cet égard, et s'ils ont été acceptés assez
généralement, quoique trop dissemblables entre eux, ce
n'a pas été à la suite d'une vérification sérieuse, mais
pour échapper à l'aveu que les moyens d'un contrôle
efficace ont manqué presque toujours.

En cette matière comme en beaucoup d'autres, le
plus sage est de s'en tenir aux appréciations de La-
voisier, et de croire, sur le témoignage de l'illustre
économiste, que les ci-devant nobles (il écrivait en
1791) et les anoblis ne s'élevaient, au déclin de la
vieille monarchie, qu'à un trois centième de la population du pays; que leur nombre total, femmes et
enfants compris, ne dépassait pas 83 mille âmes,
sur lesquelles il n'existait que 18,000 hommes en
état de porter les armes.

Cette supputation exclut les 40,000 ou 43,000 fa-

milles privilégiées, dont parlent avec tant de complaisance ceux qui se vantent de craindre la restauration de ce qui a été renversé sans leur concours ;
et c'est un motif de plus pour admettre qu'elle est entre
toutes, celle qui s'écarte le moins de la vérité.

.Selon les derniers, le nombre de ces familles était
de 40,000 sous Philippe-Auguste ; il était le même
sous Louis XV, mais constitué avec des éléments
nouveaux. Le nombre des nobles aurait été de 400,000
en 1770 ; il serait aujourd'hui de 158,000.

Un problème plus difficile à résoudre est celui de
la répartition des membres de l'ancien et illustre corps
en noblesse chevaleresque, noblesse utérine, noblesse
à tierce foi, noblesse de robe, noblesse d'échevinage,
noblesse militaire, noblesse d'office, noblesse graduelle, noblesse comitive ; et quel labeur stérile,
grand Dieu ! Qu'importent de telles distinctions ? Qui
ne sait combien est petit aujourd'hui le nombre des
familles dont les chefs étaient contemporains de la
grande conquête ? Qui ne sait quels illustres noms ont
été transmis jusqu'à notre âge par la descendance
des femmes ? Qui ne sait que beaucoup de titres nobiliaires n'ont été acquis que par la mention faite
d'eux sur des brevets de grades supérieurs dans l'armée ? Qui ne sait que la noblesse de race dédaignait
celle de robe ; cette dernière, la noblesse de cloche ;
toutes ensemble, celle des secrétaires du roi ou des
trésoriers de France ? Les esprits fermes s'attachent
à d'autres études ; les consciences éclairées pronon-
cent sur d'autres débats. Ce ne serait ni dignement
ni sérieusement que, sous l'excitation de l'orgueil ou
de l'envie, on assignerait aujourd'hui une valeur re-

lative à chacune des noblesses sur lesquelles a passé
le niveau de 89.

A ceux que révolte ou égare l'abus de la prérogative royale, consistant à guérir de la roture comme
des écrouelles, par le toucher, nous répondrons : A
qui le premier anoblissement a-t-il profité? A un ou-
vrier obscur, patient, habile. Saluez, gentilshommes!
l'orfévre Raoul savait, comprenait ce que vous ne
saviez pas, ce que vous ne compreniez pas : l'art chré-
tien. Saluez, bourgeois! l'orfévre Raoul était l'enfant
de ses œuvres, et il frayait le chemin des honneurs,
suivi de nos jours par les comtes et barons de la pein-
ture et des lettres, de la statuaire et de l'industrie.
Annaliste du Poitou, nous ajouterons : un des anoblis
de Philippe le Long était un des nôtres : Jean Roccaut,
et il recevait son investiture d'un des nôtres : Jean
Larchevêque, sire de Parthenay.

A ceux qu'indignent les anoblissements par masses,
nous rappellerons que si Charles le Sage a anobli tous
les habitants de Paris le même jour, c'est parce qu'ils
avaient couvert sa capitale contre l'Anglais. Après cette
multitude sont venues les foules des monnayeurs, des
verriers, des parlementaires ; les membres des grandes compagnies des comptes, des aides, du conseil;
les descendants des magistrats de second rang, des
officiers de fortune, des administrateurs de l'armée,
des employés du trésor. Sont-ce là des faits monstrueux
dans un pays où la croix de Saint-Louis, le cordon de
Saint-Michel et la Légion-d'Honneur ont été infiniment
plus prodigués que les lettres de noblesse?

Les anoblissements moyennant finance méritent-ils
la qualification de scandale légal? Pas le moins du

monde. Il n'y a pas à en réprouver la pratique, quand
on la voit exercée solennellement et avec mesure, au
nom de Philippe de Valois et de Jean son fils, en premier
lieu par la chambre des comptes', plus tard par des
commissaires spéciaux. Comment en déplorer soit l'abus,
soit les conséquences, quand on trouve dans la dernière
déclaration sur la matière, celle de 1771, ces remar-
quables paroles :

» Par édit du mois de mars 1696, Sa Majesté a anobli
» le nombre de cinq cents personnes, qui ont été choisies
» parmi ceux qui se sont le plus distingués par leurs
» mérites, vertus et bonnes qualités.

» Par autre édit du mois de mai 1702, elle a de même
» anobli le nombre de deux cents.

» Et par le présent édit, elle anoblit pareillement cent
» personnes qui seront aussi choisies parmi ceux qui se
» sont le plus distingués pour son service et par leurs
» mérites et vertus. »

On récrimine contre la noblesse utérine. Est-ce qu'il
n'a pas été beau à nos rois de vouloir que le sang de
leurs défenseurs morts à la peine se transmît sans alté-
ration, lorsqu'il ne pouvait plus l'être sans mélange, par
les sœurs et les filles de ces héros ? Le genre de noblesse
attribuée aux proches de Jeanne d'Arc n'a jamais choqué
personne en France, et il était reconnu dans plusieurs
de nos provinces, indépendamment de tout fait de guerre
ou de dévoûment exceptionnel.

Que dire des scrupules sur la noblesse à tierce foi ?
C'est des *Etablissements* que date celle-ci, et est-il bien
certain que toutes les familles, dont l'origine *se perd dans
la nuit des temps*, ne se soient pas transformées plus vite
et à meilleur marché que celles des acquéreurs de terres

vendues par les croisés, en inféodant leurs alleux, et
parce que leurs chefs avaient préféré la sécurité garantie
par le haut, puissant et redouté voisin, à l'indépendance
des personnes et du domaine?

Faut-il s'expliquer sur les noblesses d'office et comitive? Mais c'est le travail de la vie publique, à peu près
sans rétribution alors, c'est la probité, la hardiesse,
le succès du négociant ou de l'armateur, c'est l'étude
patiente du savant, la parole écoutée et retentissante de
l'universitaire, qui se rémunéraient ainsi. Et un tel régime ne péchait qu'en ce point : la noblesse graduelle, à
la différence de celle des secrétaires du roi, maison et
couronne de France, se faisait trop attendre, au lieu
d'être acquise dans sa plénitude par celui à qui il était
donné seulement d'en assurer le bénéfice aux siens.

Quant à la noblesse militaire et la noblesse d'échevinage, ce n'est pas en Poitou qu'il est nécessaire de les
défendre. Les officiers supérieurs et vétérans du haut
pays, les marins du littoral, ont assez montré de quels
services la première était le prix. Les Claveurier ont ho-
noré la seconde, et c'est d'elle que le roi dont du Gues-
clin était le connétable disait en son Louvre, au mois de
décembre 1372, à propos des Anglais chassés par les
pères de ceux qui devaient les retrouver à Quiberon :
« Nous les anoblissons, eux et leurs successeurs, ces
» maire, échevins et conseillers jurés, des plus notables
» et bonnes personnes, de bonne vie et honnète conver-
» sation, et pleines de grands vertus et mérites, afin
» que ce soit exemple aux autres habitants de ladite
» ville. »

Résumons-nous. L'anoblissement n'a pas été à
l'homme libre ce que l'affranchissement avait été au

2

serf ; mais l'un et l'autre ont eu le caractère essentiel de
récompense ou de pacte. Dans les deux cas, un nouvel
état, un mieux-être matériel et moral, une fortune plus
haute, ont été reconnus et promulgués. Ce haut caractère
ne peut donc être contesté ni par les partis qu'on appelle
rétrogrades, ni par les partis qui se disent avancés.
L'anoblissement a été une des prérogatives royales, dont
l'exercice a été le plus utile à toutes les classes de la
société, parce qu'il a été le moyen le plus efficace d'em-
ployer aux affaires d'Etat ceux que le hasard de la nais-
sance tenait éloignés des charges. C'est lui qui a comblé
les vides faits dans les rangs de la noblesse par les
guerres nationales, les proscriptions, les luttes féodales, les rencontres privées. C'est lui qui a créé et en-
tretenu en nous, les roturiers, cet esprit d'émulation et cet
amour pour les sciences morales et politiques, qui, dès
le xvııᵉ siècle, avait fait monter le tiers aussi haut que le
sentiment de l'honneur avait élevé la noblesse. Celle-ci
n'est plus un ordre, c'est un progrès. Elle est une institution, c'est un bien, car la volonté du législateur n'est
pas sa seule raison d'être. Qu'elle vienne de l'épée,
qu'elle vienne des dignités civiles, qu'elle ait été même
achetée par des notables en possession, avant de changer
d'état, d'une richesse et d'une popularité dignement ac-
quises par le travail et les charges honorifiques, rien
n'est plus indifférent à cette heure. Il ne s'agit pas de
dire de l'un : il se donne pour fils des croisés, je ris de
sa preuve ; de l'autre : il sort du bureau des finances, je
ne prends pas son parchemin au sérieux. Il s'agit de
tenir compte aux uns et aux autres de ce que leur ont
fait souffrir des tyrans tels que Louis XI et les jacobins,
des dompteurs tels que Richelieu et Louis XIV, des en-

nemis tels que ces contrôleurs généraux et traitants qui,
avec un cynisme dont la couronne était, hélas ! la com-
plice, ont repris ce qui avait été concédé, fait payer jusqu'à trois fois ce qui avait été solennellement libéré. **Oui,**
un abîme séparait les gentilshommes et les anoblis. **Oui,**
la vieille royauté ne traitait pas en égaux ces membres
d'un même corps. **Oui,** une hiérarchie de fer les isolait
les uns des autres. **Oui,** l'opinion établissait entre eux
des distinctions blessantes; mais aujourd'hui toute clas-
sification de personnes nobles, ayant pour base l'origine
de leur noblesse, est un écueil qu'il est honnête et utile
d'éviter. Leur titre à toutes est le même devant la loi,
sinon devant l'histoire, et ce titre est une possession
d'état légitime et justifiée à la date du 19 juin 1790.
La noblesse étant devenue une propriété transmissible
et inviolable comme toutes les autres, c'est un mérite
chez ceux dont les ancêtres, pour une cause quelconque,
ne l'ont jamais possédée, de la proclamer plus respec-
table qu'aucune autre, parce qu'elle est un patrimoine
moral. Bourgeois de la tête aux pieds, nous aimons per-
sonnellement à nous incliner devant elle, parce que notre
vie s'emploie à choisir dans le passé, non pas des aliments
pour les factions, non pas des armes contre les personnes,
mais des enseignements solides et purs. Après cela, nous
ne contestons à qui que ce soit le droit de rappeler que
les anciens ducs et pairs n'étaient pas tous d'illustre
lignée, et que les anoblis qui se sont élevés le plus
haut n'étaient pas tous à la hauteur de leur fortune.
Nous confessons même que ce n'est pas pour nous une
joie sans douceur de le répéter : saint Éloi, Suger et
Sylvestre II, Colbert, Lannes et Portalis ont été les
premiers grands de leurs maisons, et la titulature de

prince de Fleurus n'aurait rien ajouté à l'illustration de
Jourdan.

La rapidité avec laquelle les familles nobles dispa-
raissent est un sujet non moins digne d'attention. Les
études qui se sont dirigées en ce sens ont abouti à des
constatations désolantes. Il suffit de comparer les rôles
des bans entre eux ou avec les procès-verbaux des
assemblées qui ont donné des dates de plus aux chro-
niques provinciales, pour s'effrayer des différences qu'ils
présentent dans le nombre et les noms des nobles.

Comme il n'est pas contesté que nos familles chevale-
resques étaient déjà réduites à 51 au XIIe siècle, on a
calculé que les maisons nobles s'éteignaient, en France,
dans la proportion de deux cinquièmes par chaque pé-
riode centenaire. Nous sommes de ceux qui admettent que
le pays s'est appauvri de 90,000 familles de cet ordre.

En Angleterre, le ravage du temps a été plus cruel encore. De 1611 à 1648, la couronne a créé 458 baronnets;
il n'en restait que 107 en 1831. Sa pairie, en 1400, se
composait de 80 familles. Elle n'en avait conservé que
47 en 1501; nous ne voulons pas dire ce qui en survit
aujourd'hui. En Suisse, 488 familles étaient entrées dans
le patriciat de Berne de 1593 à 1665; il ne s'en était
maintenu que 109 dès 1783. Ce qu'il faut souhaiter, ce
n'est donc pas que ce qui est disparaisse, mais que Dieu
nous conserve le peu qu'il nous a laissé. Les anoblissements ne sont plus dans nos mœurs; les titres, qui ne
se prodiguent pas, quoiqu'ils ne confèrent ni prééminence
ni rang, sont seuls désirés; l'augmentation ou la dimi-
nution du nombre des familles ou des personnes nobles
n'est plus un intérêt gouvernemental.

De même qu'à l'approche des grandes batailles les

masses profondes, ébranlées par le commandement de
leur chef, jouissent par avance du triomphe qu'elles se
promettent, de même les trois ordres, comprenant que
quelque chose de surhumain allait à leur aide s'accomplir dans le monde, se levèrent à l'appel du roi juste et
réformateur, qui avait aboli la torture et donné l'état civil
aux protestants, reconstitué notre marine et organisé les
assemblées provinciales, soutenu la jeune Amérique et
accordé au tiers la double représentation. Nous verrons
tout à l'heure quel flot de noblesse s'agita pacifiquement
dans notre Poitou, indiquons les différences qui se font
remarquer entre l'ancien et le nouveau système électoral.

Le nombre des colléges fut, dans *les pays d'élection*, le
même que celui des sénéchaussées ou bailliages.

Dans les pays d'états, ou dans les provinces qui avaient
passé sous la domination du roi depuis 1614, ce nombre
fut fixé discrétionnairement par des règlements parti-
culiers.

Dans les pays d'élection, on distinguait entre les bailliages qui avaient *député* en 1614, et ceux qui n'avaient
acquis la députation directe, en d'autres termes qui n'a-
vaient été institués, que postérieuremnt à cette époque.

On distinguait encore entre les siéges qui, dans cette
dernière année, avaient député *directement* ou *indirectement*.

Le bailliage qui députait directement s'appelait principal, et donnait son nom à l'ensemble des *députations*.

Pour former les éléments de cet ensemble, les électeurs
nobles des bailliages secondaires se réunissaient tous à
ceux du bailliage principal, et prenaient part au même
scrutin qu'eux.

Dans chaque bailliage *principal*, le nombre des dépu-

tations variait selon l'importance et l'étendue non-seule-
ment de ce siége de justice, mais selon l'importance et
l'étendue des juridictions inférieures comprises dans son
arrondissement.

On donnait alors le nom de députations à une série de
mandataires des trois ordres, composée d'un élu par le
clergé, un élu par la noblesse, deux élus par le tiers.

Après moins d'un siècle, ces choses sont si loin de nous
et si étrangères même à ceux qui n'ont pas dédaigneu-
sement rompu avec les traditions parlementaires, qu'il
n'est pas précisément inutile de mentionner ici d'autres
faits.

Le nombre des bailliages qui avaient député directement en 1614, et avaient été maintenus en 1789 dans
le droit de renouveler ce grand acte de souveraineté nationale, était, toujours dans les pays d'élection, de 75 ;
celui des bailliages qui avaient, à ces mêmes dates, député indirectement et conservé cette situation, était de
133. Celui des bailliages qui n'avaient acquis le droit de
députer directement que depuis 1614 ne dépassait pas 12.

Ces divers colléges, correspondant tous à des siéges de
justice auxquels étaient déférés les cas royaux, étaient
aussi inégaux quant au nombre de leurs membres qu'à
l'étendue de leurs ressorts. Le désir de ne pas s'écarter
des anciens usages avait fait consacrer *la forme accoutumée,*
malgré ses inconvénients et ses vices.

A ces 87 colléges, réunissant les électeurs de 220 bailliages, avait été attribué le droit de se faire représenter
aux états généraux par 156 députations, c'est-à-dire par
156 élus du clergé, 156 élus de la noblesse, 312 élus
du tiers.

Nous serions entraîné trop loin si nous analysions les

règlements spéciaux aux pays d'états. Voici tout ce qu'il est indispensable de constater à ce propos. Les parties du royaume qui, en 89, n'étaient pas dépouillées du précieux avantage de s'administrer elles-mêmes, étaient la Bretagne, la Flandre wallonne, l'Artois, le Cambrésis, la Bourgogne, le Languedoc, la Provence, le pays de Foix, la vicomté de Marsan, le Dauphiné, le Nébouzan, les Quatre-Vallées, le Bigorre, le Béarn, les pays basques, la vicomté de Soule, la basse Navarre, le Labour.

Dans ces pays favorisés, le principe général était, avant 89, l'élection directe des députés, sans acception de ressorts judiciaires, par les membres mêmes des assemblées d'états.

Les modifications profondes subies par ce système y amenèrent alors l'institution de 103 colléges mixtes auxquels furent attribuées 130 députations. La représentation de cette partie de la France aux états généraux de 89, plus nombreuse et mieux répartie qu'aux époques antérieures, aurait donc été de 130 élus du clergé, 130 élus de la noblesse, 260 élus du tiers, si partout les nouveaux colléges avaient fonctionné immédiatement en conséquence des ordres du roi; mais la volonté souveraine, usée dans la longue et scandaleuse lutte contre les parlements, interprétée trop longtemps par des ministres aussi impopulaires que le cardinal de Brienne et M. de Calonne, le baron de Breteuil et le garde des sceaux de Lamoignon, se trouva, dans une certaine mesure, impuissante, notamment en Bretagne et en Dauphiné, à substituer des formules plus ou moins acceptables aux usages locaux, religion politique des habitants de ces provinces.

L'application à notre Poitou des principes plus haut

rappelés fît attribuer le droit d'être représenté aux états
généraux de 1789 : par sept députations à la sénéchaussée
de Poitou, et par une à chacun des bailliages de Châtelleraud, Loudun et des Marches communes.

Des suppléants devaient être donnés, dans tout le
royaume, à ceux des députés élus qui ne seraient pas
présents à l'assemblée.

La volonté royale ne fut pas respectée en ce point. Il y
fut pourvu par un nouveau règlement, aux termes duquel
les suppléants nommés ne seraient admis aux états généraux qu'en cas de mort des députés titulaires. Les
irrégularités commises à cet égard motivent, à cause de
leur nombre et de leur étrangeté, l'emprunt suivant au
texte même de l'édit du 3 mai 1789 :

« Le roi a été informé que, dans les assemblées de
» plusieurs bailliages et sénéchaussées, il a été nommé
» des suppléants autres que ceux dont la nomination
» était autorisée par l'article 48 du règlement général du
» 24 janvier. S. M. a remarqué en même temps que,
» dans quelques assemblées, ces nominations ont été
» faites tantôt par un seul ordre, tantôt par deux, quel-
» quefois par chacun des trois ordres ; que, dans d'au-
» tres assemblées, un des ordres a nommé un seul sup-
» pléant pour les députés de son ordre ; qu'ailleurs on
» en a nommé autant qu'il y avait de députés ; tandis
» que, dans beaucoup d'assemblées, les ordres se sont
» exactement conformés aux dispositions du règlement,
» et n'ont point nommé de suppléants. S. M. a encore
» remarqué la même variété dans la mission qui a été
» donnée aux suppléants. Quelques-uns ne doivent rem-
» placer les députés de leur ordre que dans le cas de
» mort seulement. Plusieurs peuvent le faire en cas

» d'absence, de maladie, ou même d'empêchement quel-
» conque. Les uns ont des pouvoirs unis avec les dé-
» putés qu'ils doivent suppléer; les autres ont des pou-
» voirs séparés. Enfin plusieurs assemblées ont supplié
» S. M. de faire connaître ses intentions à cet égard. »

Nous ne résistons pas au désir de rappeler ici les noms
et les qualités des dix élus de la noblesse par les quatre
colléges du Poitou.

DÉPUTÉS DU BAILLIAGE PRINCIPAL DE POITIERS.

Anne-Charles-Sigismond de Montmorency de Luxembourg, duc de Luxembourg, pair de France, comte
d'Olonne;

Anne-Emmanuel-François-Georges de Crussol d'Uzès,
marquis d'Amboise et de Fors;

Claude, vicomte de la Châtre;

François-Célestin de Loguel, chevalier de la Coudray;

Philippe, comte de Jouslard d'Yversay;

Marie-Mesmin du Bouex, marquis de Villemort;

Joseph-Emmanuel-Auguste-François, comte de Lam-
bertie, maréchal des camps et armées du roi.

DÉPUTÉ DU BAILLIAGE DE CHATELLERAUD.

François-Nicolas-René de Pérusse, comte d'Escars,
colonel du régiment d'Artois-dragons, gentilhomme
d'honneur de Mgr le comte d'Artois.

DÉPUTÉ DU BAILLIAGE DE LOUDUN.

René-Henri-Louis-Jérôme, comte d'Arsac de Ternay,
chevalier, seigneur des Roches.

DÉPUTÉ DU BAILLIAGE DES MARCHES COMMUNES.

Jacques-Gabriel-Louis Leclerc, marquis de Juigné et de Montaigu, lieutenant général des armées du roi.

Les suppléants qui leur furent donnés sont : au collége de Poitiers :

Charles-Gabriel-René d'Appellevoisin, marquis de la Roche-du-Maine, maréchal des camps et armées du roi ;

Pierre-Marie Irland, chevalier, seigneur de Bazoges, lieutenant général en la sénéchaussée et comté de Poitou ;

Henri Filleau, chevalier, seigneur des Grogels, procureur du roi en la sénéchaussée de Poitiers et secrétaire de l'ordre de la noblesse ;

Au collége de Châtelleraud :

Jacques-Jean Le François-Descourtis, seigneur de la Groix.

A l'heure où les uns et les autres engagèrent solennellement leur foi de copérer au bien public dans l'esprit et les termes de leur mandat, d'autres gentilshommes poitevins prêtaient au loin le même serment. C'étaient, nous ne citerons qu'eux, dans les deux assemblées des nobles de la ville et de la prévôté de Paris, qui les avaient élus aussi : les ducs de Crussol et de Larochefoucauld, le marquis de Lezignem, le comte de Rochechouart, François de Beauharnais et Agier, l'ancien.

Les convocations aux assemblées de la noblesse émanaient des baillis et sénéchaux d'épée, sur la notification à eux faite des lettres du roi, directement adressées aux gouverneurs des provinces.

Ces lettres étaient lues et enregistrées solennellement, sur les réquisitions des procureurs du roi, dans tous les siéges, avant d'être ramenées à exécution par les magistrats compétents.

En conséquence de leur régularisation, les électeurs de la noblesse ayant leurs fiefs ou résidences dans le ressort du bailliage principal étaient, à la requête des procureurs du roi près les présidiaux ou sénéchaussées, sommés, par huissier commis, de comparaître en l'assemblée générale des trois états de leur arrondissement, indiquée comme devant être tenue à ce siége sous la présidence du bailli ou sénéchal d'épée.

Les électeurs de la noblesse que leurs fiefs ou résidences rattachaient aux bailliages secondaires, recevaient des citations semblables à la requête des procureurs du roi près ces siéges.

Pourquoi ces formes et pas d'autres ?

Parce que les baillis et sénéchaux d'épée n'étaient pas seulement des magistrats; ils étaient aussi les chefs de la noblesse de leurs ressorts. Seuls, ils avaient qualité pour faire entendre aux gentilshommes les semonces féodales; à eux seuls il appartenait de les contraindre, par voie de saisie de leurs fiefs, soit à *rendre leurs devoirs* aux bans et arrière-bans dont ils exerçaient le commandement militaire, soit à comparaître à toutes les assemblées de la noblesse ou des trois états auxquels ils les mandaient.

Cette autorité d'une part, cette discipline de l'autre, étaient si chères à tous, qu'il n'existe pas un seul exemple de convocation d'un corps de noblesse appelé à délibérer par un autre que son bailli ou sénéchal d'épée, et d'assemblée délibérante de nobles tenue dans un autre lieu que celui où le haut dignitaire était le premier, et toujours réputé présent.

Quand il cessa, par sa volonté et à cause de son insuffisance dans la science et la pratique du palais, d'exercer le ministère du juge, les baillis ou sénéchaux de robe longue remplirent son office; mais son nom fut porté toujours en tête des sentences rendues comme s'il y avait coopéré, soit dans les compagnies supérieures, dont il demeurait le chef principal, soit dans les ressorts démembrés de son siége primitif.

Aussi avons-nous lu sans surprise, dans un des monuments de la belle polémique de 88 et 89, cette mâle expression des fortes maximes de nos pères : « Les baillis » exercent leur juridiction sur tous les habitants de leur » ressort sans exception. Ces habitants doivent donc être » appelés par ces juges à voter, parce que, dans un » Etat où on reconnaît des principes et des lois, les » citoyens, en leur qualité de citoyens, ne sont tenus » d'obéir qu'à des ordres légaux, et que les magistrats » légaux seuls sont les organes de ces ordres. Encore, » pour que l'on soit tenu de leur obéir, sont-ils obligés » d'observer les formes prescrites par les lois; autrement » on ne reconnaîtrait dans ces ordres qu'une volonté par- » ticulière, et non la volonté légale. »

Nous nous interdisons soigneusement tout détail étranger à l'ordre de la noblesse; mais, pour faire bien comprendre les conditions qu'avaient à remplir les électeurs de la noblesse en 1789, il est indispensable que nous rappelions quelques autres principes de notre droit public en matière de représentation aux états généraux.

Partout et toujours ont été assignés : la noblesse, à son fief principal; le duc et pair, au chef-lieu de sa duché-pairie; le clergé, à ses bénéfices; le commandeur de Malte, à sa commanderie, parce que la fiction légale *pas de noble sans terre, pas d'église sans mainmorte*, dominait tout le système, à ce point que les nobles non possesseurs de fiefs, et les ecclésiastiques non pourvus de bénéfices, votaient autrefois, pour l'élection des députés aux états généraux, non pas dans les assemblées de leurs ordres respectifs, mais dans celles du tiers.

La dernière preuve de ce fait capital et trop oublié a été administrée par un corps politique. On la trouve dans l'arrêt du conseil du 5 octobre 1788, où il est rappelé que l'ordre du tiers était presque entièrement composé de personnes qualifiées nobles, lorsque, dans les derniers siècles, il se donnait des représentants aux états généraux.

C'était en effet la communauté d'habitants, et non la propriété foncière et directe, qui était le principe générateur des assemblées du tiers. Aucun habitant de ville, de bourg, de paroisse, quel que fût son état, n'y était privé soit de la faculté d'élire, soit du droit d'être élu, dans ces centres de population.

Mais ces assemblées du tiers, dans lesquelles exerçaient autrefois leurs droits civiques les nobles non possesseurs de fiefs, les ecclésiastiques non pourvus de bénéfices, étaient purement primaires. Leur pouvoir se bornait à rédiger des cahiers que les assemblées centrales refondaient avec les leurs, et à élire, non pas des représentants aux états généraux, mais des délégués chargés d'élire, au nom de la communauté, dans l'assemblée des trois états tenus au siége supérieur, les députés du tiers aux états généraux.

A partir de 1576, quelques dérogations à ces usages, si respectés jusqu'en 1560, s'étaient produites, grâce à la complaisance ou l'impéritie de certains baillis, en ce qui touche les nobles et les ecclésiastiques dont nous venons

de parler; mais le droit n'en était pas moins demeuré
entier et si présent à toutes les mémoires, que le beau
règlement du 24 janvier a fait très-nettement revivre la
distinction doctrinale entre les nobles possesseurs de fiefs
et les membres du clergé séculier et régulier pourvus
de bénéfices; les nobles non possédant fiefs et les membres des deux clergés non pourvus de bénéfices.

Cette distinction, hommage rendu à un passé dont il
était si difficile de concilier les traditions avec l'esprit du
moment, fit appliquer deux régimes différents : l'un à
Paris, l'autre aux pays d'élection de la province.

Ce que nous allons dire de Paris ne se réfère qu'à la
ville proprement dite. Dans la vicomté et prévôté de
Paris, dont le collége principal était le Châtelet, et les
bailliages secondaires, Choisy-le-Roi, Vincennes, Meu-
don et Versailles, on procéda selon le droit commun des
pays d'élection.

Dans le Paris intra-muros, collége de création nouvelle, et auquel dix députations furent attribuées, les
anciens principes furent abandonnés. Les nobles possédant des fiefs ou n'en possédant pas furent réunis dans
des assemblées de quartier purement primaires. Ils y
nommèrent concurremment les délégués qui furent ces
électeurs de Paris si justement célèbres par le rôle politique rempli après le 23 avril à l'hôtel de ville, et ces
derniers seuls nommèrent les représentants de la noblesse de Paris aux états généraux.

Parmi ces électeurs, la noblesse du Poitou fut dignement représentée elle-même par le comte de Rochechouart, le marquis d'Autichamp, le chevalier Louvart
de Pontlevoy, le comte et le marquis de Menou, le
maître des requêtes de Malartic, le marquis de la Roche-

foucauld-Bayers, les ducs d'Uzès et de Crussol, le marquis de Lusignan.

Il fallait à tout prix que tout ne fût pas égal entre les possesseurs et les non-possesseurs de fiefs. Voici comment fut consacré le privilége entre privilégiés : les premiers furent assignés à comparaître, et le droit de se faire représenter par procureur leur fut réservé. Les seconds ne reçurent pas d'assignation, et durent se présenter en personne. C'était puéril.

Le législateur fut mieux inspiré en prescrivant aussi, le 13 avril 89, que tous les nobles possédant fiefs dans l'enceinte des murs de Paris se réuniraient dans celle des vingt assemblées partielles que présiderait le prévôt, assisté du lieutenant civil et du procureur du roi.

A Paris et dans les provinces, les nobles non possédant fiefs et les ecclésiastiques non pourvus de bénéfices ne furent admis au vote qu'en justifiant qu'ils étaient âgés de vingt-cinq ans.

Dans les provinces et en pays d'élection, les nobles non possédant fiefs et ayant la noblesse acquise et transmissible furent admis à élire, concurremment avec les gentilshommes, les députés de leur ordre aux états généraux, mais sans avoir été préalablement sommés de comparaître, et sans pouvoir user de leur droit autrement qu'en personne.

Ainsi, à Paris, le droit des nobles possédant fiefs fut entamé. En province, le droit des nobles non possédant fiefs fut étendu. La cause de ces graves innovations fut le besoin public de ramener à l'unité toutes les classes de la noblesse. Comme il n'y avait rien de commun entre l'anobli et la terre, l'anobli avait été admis à la jouissance de tous les droits nobiliaires, sans être tenu de posséder aucun fief. Lui refuser l'entrée du collége de son ordre, par le motif qu'il n'était pas possesseur de fief, c'était impossible. Permettre qu'il y prît séance sans y appeler le gentilhomme non-possesseur de fief, c'était, à plus forte raison, impossible. On le comprit, et on fut sage.

Au surplus, ce n'était pas seulement la terre qui était l'assiette ou la substance du fief : on pouvait être seigneur de rentes, seigneur de dîmes, comme on l'était d'un domaine noble. En Poitou, toutes les choses étaient passibles de foi et hommage dès qu'elles produisaient un revenu moyen de 25 sols. C'était la disposition formelle de l'article 53 de la coutume, et la même coutume, en son article 99, reconnaissait pour fief noble tout ce qui était tenu à hommage. C'est en vertu de ces deux principes que des électeurs de la noblesse du Poitou, en 1789, se sont qualifiés seigneurs de dîmes.

Les personnes ayant qualité pour prendre part aux opérations des colléges n'étaient pas déchues de leur droit, si elles n'y étaient pas mandées. Elles n'avaient qu'à se présenter pour s'y faire reconnaître et prendre séance.

Un des coseigneurs n'excluait pas les autres.

La femme non commune en biens était admise à l'assemblée en même temps que son époux.

Les veuves et les filles ayant la possession divise de fiefs étaient investies du même droit que les hommes, mais elles n'en pouvaient user que par procureur.

Les mineurs jouissant de l'état de noble et possédant des fiefs étaient représentés à l'assemblée par leurs tuteurs ou leurs mères gardes-nobles.

Les incapables l'étaient par leurs curateurs.

Les ecclésiastiques nobles et possesseurs de fiefs indépendants de leurs bénéfices votaient dans l'assemblée du clergé, mais pouvaient se faire représenter, à cause de ces fiefs, dans l'assemblée de la noblesse.

Le fondé de pouvoirs des nobles ne pouvait être choisi que dans l'ordre de la noblesse. Si, de son chef, il était électeur, il votait en son nom d'abord, ensuite au nom de ceux qu'il représentait, sans être reçu à émettre plus de deux suffrages, quel que fût le nombre de ces derniers. Lorsqu'il ne s'agissait pas de l'exercice du droit d'élire, il n'émettait qu'un seul suffrage pour lui et ses mandants.

Les représentants des princes et princesses du sang royal furent, dans les quatre colléges du Poitou,

Pour monseigneur le comte d'Artois :

Au bailliage principal de Poitiers,

Le marquis de la Roche du Maine ;

Au bailliage de Châtelleraud,

Le lieutenant général des armées du roi, Nicolas de Pérusse d'Escars ;

Au bailliage de Loudun,

Les comtes de Ternay et de Marconnay ;

Pour monseigneur le duc de Bourbon et la princesse Louise de Condé :

Au bailliage des Marches communes,

Le marquis de Juigné.

Les lieutenants généraux des présidiaux ou sénéchaussées, qui, en cette qualité, présidaient les assemblées du tiers, votaient, nonobstant les devoirs de cette charge, dans le collége de la noblesse, s'ils appartenaient à cet ordre.

Le droit d'élire en personne ou par procureur était

3

acquis dans tous les colléges dans la circonscription desquels on possédait un ou plusieurs fiefs.

Toute personne admise à en user s'obligeait par serment à concourir à la rédaction des cahiers et à la nomination des députés, en loyal sujet du roi et dans la seule vue du bien public.

Chaque ordre pouvait se donner pour député un Français ne lui appartenant pas, et c'est l'exercice de cette faculté qui, à Paris et à Aix, a donné pour représentants au tiers l'abbé Sieyes et le comte de Mirabeau.

Les grands sénéchaux et baillis d'épée étaient de droit les présidents des colléges de la noblesse, dont les procureurs du roi suivaient toutes les opérations, et dans le sein desquels ces magistrats prenaient leurs réquisitions, quel que fût l'ordre dont ils étaient membres.

L'ordre de la noblesse élisait son secrétaire.

L'organisation des colléges donna ouverture à une foule de difficultés, de prétentions et de controverses, préalablement étudiées avec un soin religieux, et résolues la plupart, à Paris, par les secrétaires d'Etat compétents, d'autres par les intendants des généralités. Les éléments de tout ce contentieux sont conservés aux archives impériales, et rien n'est plus digne d'attention que certaines pièces de ce volumineux recueil.

Celles de ces difficultés qui portaient sur la qualité des personnes et le droit de voter en découlant, étaient vidées par les assemblées elles-mêmes, où elles étaient provisoirement réglées par le bailli ou le sénéchal, assisté de quatre gentilshommes. L'admission des trésoriers de France fut décrétée, dans cette forme, au collége de Limoges, où on argumenta avec raison du précédent créé par celui de Poitiers. Un de ces anoblis, en charge au bureau des finances de Limoges, avait été sommé de comparaître à l'assemblée de la noblesse du Poitou, à cause des fiefs par lui possédés en Marche, et c'était juste.

Notre surprise a été grande quand l'examen auquel nous nous sommes livré de la liste des électeurs qui, en personne ou par procureur, ont pris part aux élections du collége de la sénéchaussée de Poitou, nous a fait reconnaître que dans 817 paroisses aucun gentilhomme n'a voté comme possédant, sur le territoire de celles-ci, soit des fiefs, soit un manoir, soit des immeubles quelconques. Ni historiquement, ni juridiquement, cette lacune n'est explicable.

Ces paroisses avaient nécessairement, pour certaines de leurs parties tout au moins, des seigneurs laïques, ecclésiastiques ou réguliers. Comment personne n'a-t-il pris dans l'assemblée la qualité dont, en toute circonstance, on était si jaloux de sauvegarder les droits? Le procès-verbal de l'assemblée du clergé n'éclaircit pas le mystère. Les principes sont inconciliables avec un fait aussi anormal; la coutume du Poitou est une de celles qui ne reconnaissaient de franc-alleu que sur titre.

Le but vers lequel nous marchons ne sera atteint que lorsque les héritiers des électeurs nobles de 89 auront uni leurs efforts aux nôtres pour compléter la rectification du travail si peu satisfaisant du greffier de notre ancienne sénéchaussée.

Beaucoup d'entre eux se sont enquis déjà, et nous les en remercions, des résultats auxquels nous conduisait le plus ingrat et le plus consciencieux de tous les labeurs. Qu'ils fassent plus maintenant. Les corrections que devait s'interdire un zèle exclusivement inspiré par le besoin d'être rigoureusement exact seront acceptées comme une récompense.

Le procès-verbal des opérations du bailliage de Poitou n'a été imprimé, en 89, ni ici ni ailleurs. Pendant l'émigration, il l'a été à Saint-Pétersbourg. Cette publication laisse, dit-on, beaucoup à regretter ; il nous a été impossible d'en découvrir un exemplaire.

On croit que, par les soins des commissaires de la noblesse et aux frais de l'ordre, trois copies manuscrites de ce procès-verbal ont été dressées. La trace d'aucune d'elles n'a été retrouvée par nous.

Deux recueils de pièces manuscrites, qui n'ont rien de commun avec les copies dont nous venons de parler, ont été mis à notre disposition avec une exquise obligeance. Leurs heureux propriétaires ne doutaient pas qu'ils ne fussent en tous points semblables aux documents officiels.

Après avoir constaté les innombrables différences qui existent entre la liste des nobles qui en fait partie et la liste conservée aux archives impériales, nous avons reconnu qu'il n'y avait de praticable que la reproduction littérale de cette dernière.

Notre responsabilité personnelle et la dignité des antiquaires de l'Ouest auraient été, si nous avions procédé autrement, très-témérairement engagées envers les familles, pour lesquelles le fait matériel est une garantie plus précieuse que le bon vouloir le plus intelligent, la critique la plus sûre.

La liste que nous éditons est la seule dont la minute ait le caractère d'écriture officielle. Son original est, par conséquent, la seule pièce à laquelle il y ait lieu de recourir, dans l'intérêt de la science, dans celui de la loi, dans celui des personnes.

Mais cette liste, malgré ce haut caractère, est loin d'être ce qu'elle devrait être. Elle n'est qu'une copie signée du greffier de la sénéchaussée de Poitou, copie où les altérations de noms, les omissions de qualités, les négligences de rédaction ou de classement sont nombreuses, inexcusables.

Notre premier devoir était de constater et d'apprécier ces faits ; il ne nous appartenait pas d'y remédier arbitrairement.

Tout ce qui nous a semblé inexact est rectifié par notre travail, mais à l'aide de notes consignées au bas de chaque page, et non ailleurs. Le redressement désirable frappera donc l'œil et l'esprit, en même temps que l'erreur commise dans le texte, laissé par nous intact.

Les erreurs réparées dans les notes sont indiquées dans le texte lui-même de deux façons : par le caractère des nombres placés en avant des désignations d'électeurs, et par le caractère des mots altérés.

Les deux recueils dont l'existence était signalée tout à l'heure sont et demeureront d'une extrême utilité pour conduire au vrai, car le texte des listes qu'ils contiennent ne diffère de celui de la liste officielle qu'à cause du soin pris par leurs auteurs, et leur compétence en cette matière ne saurait être contestée, de suppléer à l'imperfection du document original.

C'est sur la liste qui suit ces lignes qu'a été fait l'appel des membres de l'assemblée. Elle a par conséquent été dressée avant le jour où elle a servi à cet usage.

Nous n'avons trouvé nulle part l'indication des appelés défaillants. Cette lacune, qui constitue une irrégularité, est un motif de plus pour ne pas douter que la liste indique tous les membres du collége.

Personne aujourd'hui ne peut se permettre d'y ajouter les noms ou les qualités qui, pour une cause quelconque, auraient été omis.

Les seuls changements effectués par nous sur la copie qui en a été dressée en notre présence par un calligraphe exercé et consciencieux, et que nous avons collationnée nous-même aux archives impériales, sont ceux-ci :

Un numéro d'ordre a été placé en avant de chaque nom d'électeur.

Les fautes dans le classement alphabétique ou dans la série des numéros donnés aux paroisses ont été corrigées; d'où il suit que certaines paroisses se trouvent avoir dans notre travail une autre place et un autre numéro que dans le texte original.

Les noms d'un très-grand nombre de ces paroisses avaient été altérés par le greffier de la sénéchaussée de Poitiers; nous nous sommes refusé longtemps à rectifier ces mentions marginales autrement qu'à l'aide de notes. La nécessité de restituer à chacune d'elles le rang qui lui appartient dans le corps même des listes a fait taire nos scrupules à cet égard.

Le rétablissement de l'ordre alphabétique dans ces conditions était d'une importance d'autant plus grande, que les nobles ayant été classés par villes et paroisses, c'est aux unes ou aux autres que les familles ont à se reporter pour découvrir leurs noms sur les rôles.

Les villes tiennent la tête dans chaque bailliage.

Le mot messire était répété en avant de chaque nom d'électeur ou de noble dont la veuve était représentée dans le collége. Cette qualification n'a été maintenue par nous qu'en tête de tous les rôles de bailliages.

La lettre R a été placée à la suite des noms des électeurs représentés dans l'assemblée par un fondé de pouvoirs.

Les noms de ces mandataires ont été supprimés à cause de l'évidente inutilité de leur reproduction.

Nous n'aurions pas manqué d'adopter la méthode contraire, si l'objet de ce travail était de dresser l'état de tous les nobles de la province. Nous nous sommes imposé un autre soin. Il s'agit ici des électeurs de la noblesse dans les quatre colléges du Poitou constitués en 1789. Nous ne donnons rien de moins; on n'attend rien de plus.

Les noms des ducs et pairs ont été rectifiés dans le texte lui-même, parce qu'ils présentaient tous des altérations tellement ridicules, que nous les avons réputées intentionnelles.

Aucun nom terminé en *ière* n'avait reçu d'accent, aucune virgule ne séparait les indications successives des fiefs distincts. Il aurait été impossible d'exiger de nos habiles protes le respect de ces incorrections; nous leur avons permis d'en faire justice.

Les notes établies au bas des pages ne sont pas notre œuvre exclusive. MM. Rédet et Ménard, nos collègues au bureau de la Société, ont bien voulu s'associer à nous dans cette partie de la tâche à remplir.

Le procès-verbal des élections du collége de Châtelleraud a été imprimé en 1789 dans la même ville. Nous avons rempli le devoir de comparer cette publication au texte du document original conservé aux archives impériales, et c'est celui-ci qu'on va lire.

Ces opérations furent dirigées par le baron Duchilleau,
capitaine de dragons au régiment Dauphin, grand sénéchal d'épée de la sénéchaussée de Châtelleraud, avec
l'assistance de son lieutenant général de robe longue,
Creuzé de la Touche, en présence du procureur du roi
Dubois; le greffier de la sénéchaussée, François Guillemot,
tenant la plume.

Elles ont commencé le 16 mars et n'ont été closes que
le 30 du même mois dans l'église des R. P. Minimes, *lieu
choisi et préparé* pour tenir l'assemblée générale des trois
ordres. Les réunions particulières de la noblesse eurent
lieu au château de la ville.

Le procès-verbal des élections de la noblesse au bailliage du Loudunais n'a jamais été imprimé. Il aurait
même été impossible qu'il le fût, à cause du débat, dans
le détail duquel il ne nous convient pas d'entrer, et qui
faillit compromettre l'ordre public, après avoir troublé la
bonne harmonie, toujours si désirable entre personnages
d'élite et sur lesquels le public a les yeux.

Le président d'âge de la noblesse, marquis de Razilly,
officier général vénérable, éleva et maintint la prétention
qu'il n'appartenait qu'à lui, en l'absence de tout grand
bailli ou sénéchal d'épée, de demeurer au fauteuil de l'assemblée, dont il était le doyen d'âge. Le conseiller du roi,
bailli de robe longue du pays loudunais, lui disputa cet
honneur, et, malgré les protestations du marquis et de
26 gentilshommes, il dressa, pendant que ces derniers
attachaient leurs noms à d'autres comptes rendus, le
procès-verbal que nous n'avons pas retrouvé sans quelque
peine aux archives impériales, et duquel a été littérale-
ment extraite la liste des appelés au collège qu'on lira
bientôt.

La réunion de la noblesse, orageuse jusqu'à la dernière heure à cause de ce grave conflit, fut tenue dans la salle des Capucins.

Le collége des Marches communes commença, le 31 mars, des opérations qui furent promptement menées à leur terme.

« Les gens des trois états y ont comparu en notre ville » de Montaigu et en notre château, lieu que nous avons » désigné pour leur assemblée, ayant avec nous le sieur » André Faveron, que nous avons pris pour secrétaire, » disait son président, « messire Jacques-Louis Leclerc, » chevalier, marquis de Juigné et de Montaigu, lieute- » nant général des armées du roi, ci-devant son ministre » plénipotentiaire près l'impératrice de Russie, gouver- » neur de la ville et citadelle d'Arras, syndic général des » Marches. » Nous continuerions cette titulature, si un etc. ne l'arrêtait pas là dans le procès-verbal inédit, qui depuis 89 n'a probablement été lu que par nous.

Les Marches communes franches de Poitou et Bretagne constituaient un petit pays si peu connu dans notre pro- vince elle-même, que l'évocation d'un passé qui nous est cher sera très-convenablement complétée par l'exposé de son ancienne organisation.

Ces Marches comprenaient les 16 paroisses de Bourg- Saint-Légé, Boussay, Cugon, Getigné, Grand-Laude, la Bruffière, la Garnache, la Trinité-de-Machecoul, le Bois-de-Céné, Légé, le Rétail, Montaigu, St-Colombain, St-Étienne-du-Bois, St-Etienne-de-Corcoué, Péaulx. Elles étaient toutes représentées au collége de 89 par des délé- gués du tiers.

Ces mêmes Marches comprenaient trois autres pa- roisses, selon le judicieux et savant Robert de Hesseln, à savoir : l'île de Bouin, Gestiné et Le Ga. Poquet de Livonnière, en son livre sur la coutume d'Anjou, en ajoute huit : celles de Poix-de-Moron, Vieille-Vigne, St-André-de-Trezevoix, Ste-Lumine, Montevert, Aigrefeuilles, la Bernardière, St-Hilaire-du-Bois. D'Argentré, dans son Histoire de Bretagne, en mentionne deux de plus : Corcouë et St-Viau.

Ces 29 paroisses étaient contiguës à 30 autres, qui étaient appelées Marches communes d'Anjou et de Poitou, et dont nous dirons aussi les noms, parce qu'elles furent distraites de la juridiction du présidial de Poitiers, pour être incorporées : au nombre de 16, dans le ressort de la sénéchaussée de Saumur; au nombre de 14, dans celui du présidial d'Angers.

Les 16 paroisses réunies au siége de Saumur par l'édit du 4 juin 1633 et la déclaration du 26 août 1635, cette dernière restituant au siége de Thouars le droit de connaître, en première instance seulement, des litiges engagés dans les quatre paroisses de Louzi, Ste-Vierge, Mascon et Montbrun, étaient : Massay, Cersay, Baigneux, Bouillé-St-Paul, Tourtenay, Brion, Saint-Cir-de-la-Lande, St-Machaire, Argenton-l'Eglise, le Veau-de-Lenay, St-Martin-de-Sansay, Bouillé-Lauretz, Louzi, Ste-Vierge, Mascon et Montbrun.

Les 14 paroisses réunies au siége d'Angers par l'édit de juillet 1639 et la déclaration du 22 juin 1640 étaient : St-Pierre-de-Chambrogne, en partie; la Tessoüaille, aussi en partie, Esvrunes, St-Christophe-du-Bois, la Séguinière, le Petit-Chollet, St-André-de-la-Marche, le May, St-Macaire, la Romagne, Roussay, le Longeron en partie, Torfou et Montigné.

Enfin la paroisse de la Boissière-du-Doré, dont les séné-

chaussées de Nantes et d'Angers se disputaient la juridiction, était réputée marche commune de Bretagne et
d'Anjou.

Les trois Marches étaient limitées à l'ouest par le duché
de Raitz ; au nord, par la Loire, les pays de Beaupréau et
de la Tour-Landry ; au sud, par les pays de Clisson, Tiffauges et le Loudunais ; à l'est, par le pays de Maulevrier.

Tout le monde est d'accord qu'elles avaient été tellement foulées dans les guerres de leurs suzerains respectifs, auxquelles étaient contraints de se mêler activement
les vassaux et les sujets de ces derniers, qu'il avait été
reconnu indispensable de les soumettre au régime de la
neutralité.

Cette tardive réparation leur fut accordée par divers
pactes seigneuriaux, qui, chose aussi exceptionnelle que
la propre condition de ces soixante paroisses, ont toujours été respectés.

A partir de cette époque, selon toutes les apparences,
a été donné à leurs habitants le nom de Marchetons, répété avec un certain orgueil par *le licencié ès droits, procureur fiscal à Tiffauges,* en son traité *De la nature et usage
des Marches séparantes les provinces de Poictou, Bretaigne et
Anjou.*

Les principaux de ces pactes sont intervenus : en 1406,
entre le duc de Berri, comte de Poitou, et le duc de Bretagne ; en 1426, entre Louis, seigneur d'Amboise, vicomte
de Thouars, seigneur de Mauléon, pour le Poitou, et
François de Montbrun, seigneur de Maulevrier, vicomte
d'Aulnay, pour l'Anjou. Il en a nécessairement été conclu
un troisième au moins entre le baron de Montreuil-
Bellay, en Anjou, dont la justice s'exerçait sur les seize
paroisses dont les appels furent attribués au siége de Sau-

mur, et les barons de Tiffauges pour le Poitou, de Clisson pour la Bretagne, dont les justices s'étendaient sur
d'autres paroisses des Marches.

Le régime constitué par ces traités fut celui-ci : les
vassaux et sujets des Marches relèveront, par indivis,
moitié d'un seigneur poitevin, moitié d'un seigneur breton ou angevin. Ce qui signifiait que les terres tenues par
ces vassaux ou exploitées par ces sujets étaient réputées
moitié en pays de Poitou, moitié en pays de Bretagne ou
d'Anjou, fiction légale qui, nous le croyons, n'avait pas
alors été pratiquée, et n'a pas été depuis introduite
ailleurs.

Les procès entre leurs habitants seront jugés selon la
coutume de celle des trois provinces sur le territoire de
laquelle ils seront nés. Aucun seigneur voisin des Marches
n'y pourra rien posséder en propre et divisément. Il sera,
au contraire, obligé d'y concéder ses fonds à des vassaux
ou sujets, qui les tiendront d'eux, moitié par indivis d'un
seigneur poitevin, moitié par indivis d'un seigneur breton ou angevin, à charge de devoir. Ce devoir consistait :
au profit du seigneur poitevin, dans le droit de lever la
onzième gerbe sur le champ de la moisson, droit qui
s'appelait thouarçays, parce qu'il appartenait généralement au seigneur de Thouars ou à ses barons et châte-
lains ; au profit du seigneur breton, dans le droit de
lever, non pas la onzième, mais la dixième gerbe ; ce
droit s'appelait mée. On a beaucoup disputé sur l'étymo-
logie de ce mot ; nous passons outre, ayant assez à faire
pour raconter ce qui est demeuré intelligible.

Il avait fallu créer une véritable langue, et quelle
langue ! pour formuler les principes de ce droit si nouveau, dont la base : la neutralité, s'est fait une si grande

place dans l'histoire moderne. Nous sommes condamné
à expliquer deux de ces termes.

Il y avait des Marches *advantagères* et des Marches
conthrostées.

Les premières étaient, dans les Marches de Poitou et
d'Anjou, au dire de Livonnière, les paroisses composées
de terres dont la mouvance était commune aux seigneurs
des deux provinces, mais dont la juridiction était celle
du pays d'un seul de ces seigneurs. Elles étaient, dans
les Marches de Poitou et Bretagne, au dire de Constant,
advantagères pour la Bretagne, quand leurs habitants
payaient les tailles dans cette province; advantagères
pour le Poitou, quand ils les payaient en Poitou. Bou-
cheuil accepte cette affirmation en enseignant qu'elles
étaient aussi advantagères pour le Poitou ou la Bretagne,
selon que les procès y étaient réglés par la coutume de
l'un ou l'autre pays. Un des effets de l'advantage était
celui-ci : le seigneur appartenant au pays advantagé
émolumentait, à l'exclusion de son coseigneur, le droit
entier des lods et ventes perçu sur les contrats donnant
ouverture à cette finance.

Les Marches conthrostées ou controttées n'étaient pas
les paroisses, mais les lieux situés dans les paroisses,
soit communes, soit advantagères, lieux qui, par exception au droit commun des Marches, ne relevaient pas
moitié d'un seigneur poitevin, moitié d'un seigneur breton ou angevin, mais n'avaient qu'un seul seigneur appartenant à l'un des trois pays.

Dans les Marches communes qui n'étaient advantagères à aucune province, les difficultés de compétence
entouraient les malheureux plaideurs d'autant de piéges

que les guerres féodales avaient autrefois infligé de désastres aux paysans.

Il ne nous reste plus qu'à le rappeler : les paroisses des Marches de Poitou et Bretagne étaient qualifiées franches, parce qu'elles se libéraient de leurs tailles, des droits d'entrée et de sortie, des aides et de la gabelle, à l'aide d'une composition qui n'était pas annuelle, et dont l'acquittement était sans terme fixe.

Seules entre toutes les autres, ces dernières paroisses ont été maintenues en 1789 dans le droit d'élire directement aux états généraux. Tout ce qu'il est permis d'en conclure, c'est que le crédit dont jouissait leur syndic général était très-grand, car, après les deux démembrements de 1633 et 1639, il était peu rationnel de reconnaître en elles le bailliage qui, en 1614, avait exercé le même droit.

Puissent ces choses dites et retenues ajouter à l'utilité des pages que va remplir la légende des 626 électeurs de la sénéchaussée de Poitiers, des 98 du bailliage secondaire de Civray, des 91 de St-Maixent, des 85 de Fontenay, des 20 de Luzignan, des 118 de Montmorillon, des 24 de Niort, des 26 de Vouvent, des 95 du collége de Châtelleraud, des 68 de Loudun, des 33 des Marches communes !

1,284 nobles comparant ou représentés dans une seule province, c'est très-beau; mais ce qui est plus beau, c'est qu'ils avaient tous le sentiment profond de la responsabilité qu'accepteraient leurs futurs représentants envers eux, la patrie, le roi! Il nous serait facile d'en administrer cent preuves, nous n'en voulons produire qu'une : le langage tenu, dans le collége d'une province voisine, par un des plus nobles enfants du Poitou.

C'était dans l'assemblée du bailliage de Touraine, dont la présidence appartenait à un des nôtres : messire Marc-René de Voyer d'Argenson, comte d'Argenson, marquis de Paulmy, vicomte de la Guerche, grand bailli de Touraine ; en présence de deux des nôtres : un Prévôt Sansac de la Roche-Touchimbert, et le colonel baron de Menou ; l'histoire a recueilli ces paroles :

« L'ordre de la noblesse du bailliage de Touraine, con-
» sidérant que ses membres sont hommes et citoyens,
» avant que d'être nobles, ne peut se dédommager d'une
» manière plus conforme à l'esprit de justice et de patrio-
» tisme qui l'anime, du long silence auquel l'abus du
» pouvoir ministériel l'avait condamné, qu'en déclarant
» à ses concitoyens qu'il n'entend plus jouir des priviléges
» pécuniaires que l'usage lui avait conservés. Il fait, par
» acclamation, le vœu solennel de supporter, dans une
» parfaite égalité, et chacun en proportion de sa for-
» tune, les impôts et contributions générales qui seront
» consentis par la nation, ne prétendant se réserver que
» les droits sacrés de propriété et les distinctions essen-
» tielles dans une monarchie, pour être plus à même de
» soutenir les droits et la liberté du peuple, le respect dû
» au monarque et l'autorité des lois. »

L'orateur dont les pairs reconnaissants transmirent la motion à l'ordre du tiers, avec la solennité qui était une des habitudes de cette grande époque, était messire Hugues-Thibault-Henri-Jacques de Lezay, marquis de Lusignan, colonel du régiment de Flandres-infanterie, et il avait pris séance, tant en son nom personnel que comme mandataire du duc et pair Duplessis de Richelieu, et de « messire du Mottier, marquis de la Fayette, ma-
» réchal des camps et armées du roi, major général au

» service des Etats-Unis d'Amérique, seigneur de Fau-
» Reignac et autres lieux. » Nous voulions nous arrêter
là, nous ne nous donnerons pas ce tort.

Ceux qui excusent les horreurs de 93 par les nécessités
d'une lutte à outrance contre l'opposition des privilégiés
ne manqueraient pas de dire que mettre en relief la mani-
festation de Tours , c'est trop faire comprendre que rien
de semblable ne s'était produit à Poitiers.

Démontrons-le donc : le corps de notre noblesse était
animé du même esprit qui éclatait dans les assemblées
de la noblesse en l'Ile de France et en Dauphiné, en
Auvergne et en Provence , en Languedoc et en Limousin,
partout à peu près ; et ajoutons que, si sa résistance à
l'idée de 89 était un fait acquis, nous obéirions au devoir
de ne pas le dissimuler.

Ce n'est ni le moment ni le lieu de publier dans son
intégralité le cahier des 1,088 nobles composant le collége
du bailliage de Poitou. Dans les quelques lignes que j'en
détache, on verra pour qui l'immense majorité de l'ordre
prenait parti, quand la réforme voulait naître et l'abus
durer. Personne en France ne savait alors où on allait
être conduit par la Providence; mais les constitution-
nels savaient jusqu'où ils voulaient aller, et lorsque la
révolution eut franchi les limites que leur conscience
ne leur permettait pas de dépasser, gentilshommes et
anoblis, bourgeois et clercs s'enveloppèrent dans le dra-
peau déchiré , et mirent leur gloire à tomber en même
temps que lui.

Voici la solennelle expression de leur volonté politique;
Bailly et Tronchet, Malouet et Mounier ne l'auraient
formulée ni autrement ni mieux : « Les états généraux
» du royaume sont convoqués, et nous touchons à leur ou-

» verture. Assurer *à la nation* réunie à son roi le pou-
» voir législatif, *et à la nation assemblée le droit d'accorder*
» *librement des subsides*; maintenir le monarque dans la
» plénitude du pouvoir exécutif, et la maison royale dans
» son droit à la succession au trône; poser des barrières
» *devant les entreprises illégales et téméraires des ministres;*
» *rassurer les citoyens sur leur liberté et leurs propriétés;*
» combler un précipice effrayant que *la déprédation dans*
» *les finances a creusé; élever les lois à une telle hauteur*
» *qu'elles dominent sur tous sans exception* : tels sont les
» grands objets qui doivent occuper cette assemblée
» auguste.

» La noblesse du Poitou, jalouse de concourir *à une*
» *régénération si nécessaire*, particulièrement frappée de
» *la nécessité de donner à l'Etat une constitution fixe et iné-*
» *branlable*, n'a point balancé dans ces circonstances,
» et indépendamment de toutes autres considérations,
» à nommer ses représentants aux états généraux.

.... » *Ils feront reconnaître de nouveau* et proclamer en
» états généraux que *la nation seule a le droit de consentir*
» *l'impôt.*

» La liberté de l'homme étant *la première de ses pro-*
» *priétés*, elle sera assurée par l'abolition de toute lettre
» clause, lettre d'exil *et autre espèce d'ordres arbitraires.*

.... » Ils feront statuer que *toute loi générale et perma-*
» *nente quelconque*, bursale ou non, ne soit établie à
» l'avenir qu'au sein des états généraux et *par le concours*
» *mutuel de l'autorité du roi et du consentement de la nation.*

.... » Dans le cas où les états généraux seraient *dissous*
» *sans le consentement exprès des trois ordres*, ils arrêteront
» que tous les tribunaux seront tenus, à peine d'en être
» responsables envers la nation, *de poursuivre comme con-*

4

» *cussionnaire* toute personne qui s'ingérerait à lever taxes
» ou impôts quelconques, *tous les subsides étant nuls et illé-*
» *gaux,* n'ayant point été consentis par le vœu unanime
» de *la nation rassemblée en états généraux. Ils déposeront leurs*
» *arrêté, protestation et réquisition au greffe des cours sou-*
» *veraines.*

.... » La noblesse du Poitou, considérant qu'elle a *le*
» *même intérêt que les autres individus de la nation* au
» maintien de l'ordre public, désirant cimenter *l'union*
» *entre les ordres*, a consenti de supporter les charges
» pécuniaires *dans une parfaite égalité en proportion des for-*
» *tunes et des propriétés*, n'entendant néanmoins faire
» aucun des sacrifices pécuniaires énoncés que dans le
» cas seulement où les états généraux auront lieu, et
» dans celui où ils parviendraient à *statuer définitivement et*
» *authentiquement sur le rétablissement de la constitu-*
tion. »

Les 28 rédacteurs de ce cahier méritent de conserver
dans toutes les mémoires la place à laquelle les avaient
élevés les suffrages de leurs contemporains. Nous les nom-
mons donc les premiers ; c'étaient messires :

Le vicomte de la Châtre,		
Irland de Bazoges,	}	pour l'élection
Le comte Jouslard d'Yversay,		de Poitiers.
Le marquis de la Messelière,		
Le chevalier de la Coudray,		
De Regnon,	}	pour celle de
Le marquis de St-Sulpice,		Fontenay.
Le marquis des Dorides,		
Des Essarts,	}	pour celle de
De la Fontenelle,		Thouars.

Du Breuillat, Chebrou de Lespinats, Marsault de Parsay,	pour celle de Niort.
Le baron de Lézardière, Le marquis de Martel, Le duc de Montmorency-Luxembourg,	pour celle des Sables.
Le marquis de la Roche-Jacquelein, Le marquis de l'Epinay, Le marquis de Mortagne,	pour celle de Châtillon.
Bellin de la Liborlière, Le marquis de Gourjault, Le comte de Lohéac,	pour celle de St-Maixent.
De Lescours, Prévost de la Vauzelle, Du Soulier,	pour celle de Confolens [1].

De Barbezières, pour l'enclave de l'Angoumois.
Le marquis de Villemort, pour les enclaves du Berri.
Le marquis d'Aloigni de Rochefort, pour l'enclave de Touraine.

Tous, ils furent les dignes précurseurs donnés, par la province où l'embrasement vendéen suivit l'aurore de 89, aux gentilshommes en qui la constituante reconnut et salua quelques-uns des maîtres de notre école représentative : Mathieu de Montmorency, Alexandre de Beauharnais,

---

[1] Cette énonciation est inexacte. Les trois états de l'élection de Confolens n'ont pas été appelés à exercer leur droit électoral au bailliage de Poitiers. Les colléges étant institués en 1789 par ressorts judiciaires, et non par élections, ils faisaient partie du bailliage d'Angoulême. On doit l'entendre en ce sens que les trois commissaires avaient été nommés à cause des paroisses de cette élection qui appartenaient au pays de Poitou.

Liancourt, Fréteau, Clermont-Tonnerre, Bureaux de Pusy, Crillon, Lally, de Larochefoucauld, Virieu, d'Aiguillon, Bonnay, de Noailles, André, Latour-Maubourg, Wimpfen et Broglie. Honneur à eux tous !

(*Extrait du* XXV⁰ *vol. des Mémoires de la Société des Antiquaires de l'Ouest.*)

ÉPILOGUE.

Nous le répétons : c'est maintenant aux intéressés eux-mêmes de protéger, chacun en ce qui le touche, la vérité et le droit. Pour eux, la limite du possible n'est pas ce qu'elle a été pour nous. Etranger aux familles, on peut chercher beaucoup et longtemps sans découvrir assez ni vite. Il dépend d'eux que tout le monde apprenne ce qui ne sera pas constaté à leur profit exclusif.

Les désignations d'un très-grand nombre de fiefs demeurent inexactes ou omises. Quelques gentilshommes ne se sont pas décorés de toutes leurs titulatures ; d'autres ont pu ne pas veiller à ce que les procès-verbaux établissent leur admission au scrutin, en vertu de leurs qualités propres et en vertu des mandats à eux conférés. La plume officielle a certainement tronqué plusieurs de ces prénoms dont nous avons respecté l'étrange orthographe. Les erreurs trop gratuitement commises dans le tableau des paroisses du pays par les officiers publics, auxquels n'en devait échapper aucune de ce genre, ne sont pas toutes réparées, car le nombre de ces paroisses ne s'est jamais élevé, dans les bourgs ou les villages, à 1,246. Les électeurs qui ont voté sans comparaître, au lieu d'être classés selon leurs possessions ou résidences, l'ont été trop souvent et mal à propos, aucune surveillance n'étant exercée, à la suite des noms de leurs mandataires. Enfin un moyen précieux de contrôle nous a manqué pour les listes des bailliages de Loudun et des Marches communes ; les deux recueils, si utilement consultés à l'occasion de la sénéchaussée de Poitou, n'en contiennent pas les copies.

Voilà des motifs sérieux de répondre à l'appel fait au nom de la science. Cet appel ne sera pas seulement entendu, il sera compris.

Dès que nos juges naturels, les familles, les bibliographes, les feudistes auront prononcé entre les textes soumis pour la première fois à leur critique, et le mérite des redressements proposés par MM. Rédet, Ménard et nous, pourra s'ouvrir, en remontant de siècle en siècle, la série des bans et arrière-bans de la province. Si la Société des antiquaires de l'Ouest veut bien nous confier cette tâche nouvelle, nous ne résisterons plus aux désirs dont l'expression réitérée nous flatte. La table alphabétique des maisons nobles du Poitou acquerrait, dans ces circonstances, le haut caractère d'un document historique, caractère sans lequel toute valeur est refusée à de telles nomenclatures, et elle serait publiée.

Le seul devoir que nous soyons, à cette heure, impatient de remplir, est celui de compléter une première étude par l'appréciation du système électoral et du mouvement réformateur de 89, en ce qui concerne le clergé et le tiers. Nous n'épargnerons rien pour que la chronique poitevine des deux ordres suive de près ces lignes.

ERRATA.

Page 19, ligne 11, remplacer les mots : l'origine de leur noblesse, par ceux-ci : la qualité des noblesses respectives.

Page 26, ligne 10, au lieu de : Grogels, lire : Groges.

Même page, ligne 14, au lieu de François-Descourtis, lire : François Descourtis.

Page 33, entre les lignes 21 et 22, placer les mots : pour monseigneur le prince de Condé, au bailliage secondaire de Civray, le marquis de la Roche du Maine.

Page 38, ligne 29, après les mots : chaque bailliage, lire : les paroisses contenues dans l'une d'elles étaient indiquées par un procès-verbal. Nous avons rétabli l'uniformité des rôles en ne reproduisant pas leurs noms.

Même page, ligne 26, remplacer les mots : ayant été, par ces mots : devant être.

Page 39, entre les lignes 2 et 3, lire : mentionnées sans cause appréciable, les demeures d'un très-petit nombre d'électeurs ont dû être éliminées du texte, dont elles altéraient l'ordonnance générale.

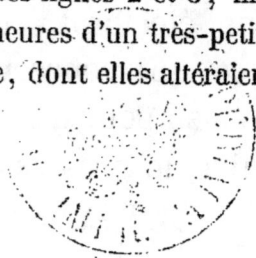

Poitiers.—Imp. de A. DUPRÉ.

www.ingramcontent.com/pod-product-compliance
Lightning Source LLC
LaVergne TN
LVHW022152080426
835511LV00008B/1361